PLANEJAMENTO EM
140 TWEETS

Dicas rápidas sobre ideias, conceitos e aplicações do
Gerenciamento de Projetos nas empresas e na sua vida

 @rvvargas

PLANEJAMENTO EM
140 TWEETS

Dicas rápidas sobre ideias, conceitos e aplicações do
Gerenciamento de Projetos nas empresas e na sua vida

 @rvvargas

Copyright© 2012 por Ricardo Viana Vargas

Todos os direitos reservados. Nenhuma parte deste livro poderá ser reproduzida, sob qualquer meio, especialmente em fotocópia (xerox), sem a permissão, por escrito, do Autor e da Editora.

Editor: Sérgio Martins de Oliveira
Diretora: Rosa Maria Oliveira de Queiroz
Gerente de Produção Editorial: Marina dos Anjos Martins de Oliveira
Revisão: Maria Inês Galvão e Wagner Maxsen de Oliveira
Projeto Gráfico e Editoração Eletrônica: Sérgio Alves Lima Jardim
Capa: Sérgio Alves Lima Jardim

Técnica e muita atenção foram empregadas na produção deste livro. Porém, erros de digitação e/ou impressão podem ocorrer. Qualquer dúvida, inclusive de conceito, solicitamos enviar mensagem para editorial@brasport.com.br, para que nossa equipe, juntamente com o autor, possa esclarecer. A Brasport e o(s) autor(es) não assumem qualquer responsabilidade por eventuais danos ou perdas a pessoas ou bens, originados do uso deste livro.

Dados Internacionais de Catalogação na Publicação (CIP)
(Câmara Brasileira do Livro, SP, Brasil)

Vargas, Ricardo Viana
   Planejamento em 140 tweets : dicas rápidas sobre ideias, conceitos e aplicações do gerenciamento de projetos nas empresas e na sua vida / Ricardo Vargas. -- Rio de Janeiro : Brasport, 2012.

   Bibliografia.
   ISBN 978-85-7452-571-6

   1. Administração de projetos 2. Negócios I. Título.

12-14279 CDD-658.404

Índices para catálogo sistemático:
   1. Gerenciamento de projetos : Administração de empresas 658.404
   2. Projetos : Gerenciamento : Administração de empresas 658.404

BRASPORT Livros e Multimídia Ltda.
Rua Pardal Mallet, 23 – Tijuca
20270-280 Rio de Janeiro-RJ
Tel/Fax: (21)2568.1415/2568.1507
e-mails: marketing@brasport.com.br
           vendas@brasport.com.br
           editorial@brasport.com.br
www.brasport.com.br

Filial SP
Av. Paulista, 807 – conj. 915. 01311-100 São Paulo-SP
Tel. Fax (11): 3287.1752
e-mail: filialsp@brasport.com.br

Em memória do meu inesquecível amigo Prof. Danúbio Becker Borba.

Um dos professores de gerenciamento de projetos mais espetaculares que tive a oportunidade e felicidade de conhecer.

Em nossa última conversa, me disse: "Ricardo, você tinha que escrever um livro falando de projetos em doses homeopáticas, tipo tweets. As pessoas precisam entender projetos de uma forma simples, prática e direta".

Bem, aí está o livro!

O AUTOR

Ricardo Viana Vargas é especialista em gerenciamento de projetos, portfólio e riscos. Foi, nos últimos 15 anos, responsável por mais de 80 projetos de grande porte em diversos países, nas áreas de petróleo, energia, infraestrutura, telecomunicações, informática e finanças, com um portfólio de investimentos gerenciado superior a 18 bilhões de dólares.

Atualmente, é diretor do Grupo de Práticas de Projetos do Escritório de Serviços de Projetos das Nações Unidas (**UNOPS**, na sua sigla em inglês) e vive em Copenhagen, na Dinamarca. Seu trabalho na UNOPS tem foco na melhoria da gestão dos projetos humanitários, de construção da paz e de desenvolvimento de infraestrutura em dezenas de países, como Haiti, Afeganistão, Iraque e Sudão do Sul.

Foi o primeiro voluntário latino-americano a ser eleito para exercer a função de presidente do conselho diretor (Chairman) do Project Management Institute (**PMI**), maior organização do mundo voltada para a administração de projetos, com cerca de 600 mil membros e profissionais certificados em 175 países.

Ricardo Vargas escreveu **dez livros** sobre gerenciamento de projetos, publicados em português e inglês, com mais de 250 mil exemplares vendidos mundialmente. Recebeu em 2005 o prêmio PMI Distinguished Award e em 2011 o PMI IS CoP Professional Development Award pela sua contribuição para o desenvolvimento do gerenciamento de projetos. Recebeu também o PMI Professional Development Product of the Year pelo workshop PMDome®, considerado a melhor solução do mundo para o ensino do gerenciamento de projetos.

É professor em diversos cursos de MBA, participando do conselho editorial de revistas especializadas no Brasil e nos Estados Unidos, e revisor reconhecido da mais importante referência no mundo sobre gerenciamento de projetos, o **PMBOK® Guide**.

Engenheiro químico e mestre em Engenharia de Produção pela UFMG, Ricardo Vargas tem também o Master Certificate in Project Management pela George Washington University, além de ser certificado pelo PMI como Project Management Professional (**PMP**), Risk Management Professional (**PMI-RMP**) e Scheduling Professional (**PMI-SP**). É também certificado pelo Escritório de Governo e Comércio do Reino Unido (OGC) como **PRINCE2® Practitioner** e pela Scrum Alliance como Certified Scrum Master (**CSM**). Participou do programa de negociações para executivos da **Harvard Law School** e tem formação executiva de estratégia e inovação pelo Massachusetts Institute of Technology (**MIT**).

Durante onze anos, a partir de 1995, desenvolveu em conjunto com dois sócios um dos mais sólidos negócios de tecnologia, gerenciamento de projetos e terceirização do mercado brasileiro, que contava com **4.000** colaboradores e gerava uma receita anual de 50 milhões de dólares em 2006, quando Ricardo Vargas vendeu sua participação para se dedicar integralmente à internacionalização de seus trabalhos em gerenciamento de projetos.

É membro da Association for Advancement of Cost Engineering (**AACE**), da American Management Association (**AMA**), da International Project Management Association (**IPMA**), do Institute for Global Ethics e da Professional Risk Management International Association (**PRMIA**).

www.ricardo-vargas.com
info@ricardo-vargas.com

- @rvvargas
- facebook.com/ricardo.viana.vargas
- linkedin.com/in/ricardovargas
- ricardo.vargas

NOTA (DISCLAIMER)

As opiniões expressas nesta publicação são de responsabilidade do autor e não representam necessariamente as da Organização das Nações Unidas **(ONU)**, incluída a **UNOPS** ou seus Estados-Membros.

APRESENTAÇÃO

Quando desenvolvi este livro, a ideia central era criar uma obra para o público geral, onde os principais conceitos envolvendo a atividade de planejamento e controle de projetos fossem apresentados de uma forma simples, rápida e direta e, para isso, tomei emprestado o termo "tweets".

Como todos sabem, o objetivo do microblog Twitter® é permitir o compartilhamento de ideias e informações em até 140 caracteres. Pessoalmente não fui tão rigoroso nesse conceito. Vocês poderão observar que alguns desses "tweets" ultrapassam esse limite de caracteres, pois procurei transmitir os conceitos da melhor forma possível.

O público principal do livro não é o profissional que tem o gerenciamento de projetos como sua profissão. Para esse público eu tenho outros 10 livros e mais de 20 artigos técnicos onde discuto detalhadamente os mais importantes conceitos e ferramentas envolvendo gerenciamento de projetos, programas e portfólios. O público do livro são os demais profissionais que desejam ter um conhecimento preliminar da área e que consideram que o gerenciamento de projetos pode ser uma habilidade de vida, assim como a matemática.

Este livro é para ser lido pelo advogado, pelo médico, pelo empresário, pelo pesquisador, pelo servidor público e por todos os demais. Seja qual for a sua profissão, toda vez que a natureza temporária do trabalho surgir, diferentemente do trabalho de rotina, você estará diante de um projeto. E gerenciar esse esforço é muito diferente de gerenciar a rotina.

Apesar de estar organizado por temas, "Planejamento em 140 Tweets" não tem uma sequência clássica de leitura. Você pode simplesmente abrir uma página e ler. Não precisa ser do início ao fim, tema por tema. O que vale é a ideia e a sua reflexão sobre cada uma das pequenas mensagens. Quem sabe uma delas possa fazer uma grande diferença no seu trabalho e na sua vida!

Ricardo Vargas

SUMÁRIO

1   CAPÍTULO 1
    CONCEITOS BÁSICOS

11 CAPÍTULO 2
    GERENCIAMENTO DE PROJETOS COMO HABILIDADE DE VIDA

17 CAPÍTULO 3
    O GERENTE DE PROJETOS

23 CAPÍTULO 4
    CARREIRA EM PROJETOS

29 CAPÍTULO 5
    O INÍCIO DE TUDO: O BUSINESS CASE

37 CAPÍTULO 6
    DIMENSIONANDO O TRABALHO A SER FEITO

47 CAPÍTULO 7
    ESTABELECENDO E MONITORANDO PRAZOS

59 CAPÍTULO 8
    GERENCIAMENTO DOS CUSTOS E ORÇAMENTOS

65 CAPÍTULO 9
    GERENCIANDO A QUALIDADE

71 CAPÍTULO 10
   LIDERANDO PESSOAS

77 CAPÍTULO 11
   COMPREENDENDO A IMPORTÂNCIA DAS COMUNICAÇÕES

85 CAPÍTULO 12
   IDENTIFICANDO, AVALIANDO E RESPONDENDO AOS RISCOS

93 CAPÍTULO 13
   PLANEJANDO E ADMINISTRANDO AS AQUISIÇÕES E CONTRATOS

99 GLOSSÁRIO

107 ÍNDICE DE TAGS

CAPÍTULO 1
CONCEITOS BÁSICOS

Saiba os conceitos básicos envolvidos no gerenciamento de projetos e entenda porque tantas pessoas fazem muita confusão até mesmo para saber o que é e o que não é um projeto.

Como o assunto gerenciamento de projetos está em alta e desperta o interesse de muitos, diversos profissionais têm entitulado praticamente tudo o que fazem de "projeto". Já presenciei diversas pessoas falando que estão gerenciando um projeto que é "gerar a folha de pagamento mensal da organização" e muitas outras coisas do mesmo tipo.

Ao falarmos em projeto, estamos falando de algo que tem características únicas. Os projetos são eventos temporários, ou seja, eventos que têm início, meio e fim. São opostos à rotina, que não tem um término definido, existe apenas enquanto existir interesse.

A segunda característica dos projetos é produzir produtos e serviços únicos. Esses produtos e serviços têm características específicas que os diferenciam dos demais. É como se cada projeto fosse baseado em um DNA único. Essa característica faz com que os projetos sejam ambientes de trabalho com mais volatilidade e riscos, se comparados com o trabalho convencional.

Tenha sempre em mente: *"Muita coisa que fazemos atualmente é projeto. No entanto, nem tudo é sempre um projeto."*

01

A melhor forma de entender o que é projeto é comparar com rotina. Projeto é tudo aquilo que não se aprende através da repetição.

✏ ROTINA

Diferença básica entre rotina e projeto.
Rotina: a repetição aprimora o resultado.
Projeto: a inovação e a gestão diferenciada aprimoram o resultado.

ROTINA

Projetos são temporários e únicos.
Temporários porque respeitam um prazo.
Únicos porque têm características que os diferenciam de tudo o que você já fez anteriormente.

PMBOK

Projeto ser temporário não significa ser rápido. Podemos ter projetos de 1 dia, 1 ano ou 10 anos. O que importa é assegurar que exista um fim.

04

12 trilhões de dólares estão hoje empregados em projetos. Isso significa cerca de 25% da economia mundial, com mais de 20 milhões de profissionais em atividades de projetos.

Fonte: Economist Intelligence Unit

05 ESTATÍSTICAS

Um projeto planejado tem muito mais chances de atingir os resultados esperados. O PMI afirma que o baixo desempenho em projetos coloca 27% do orçamento em risco. Já o alto desempenho reduz a exposição para 3%.

Fonte: PMI Fact Book 2012

SUCESSO, PMI, ESTATÍSTICAS   06

Não existe perfeição. Um projeto bem gerenciado não significa um projeto perfeito. Erros e problemas irão certamente acontecer. Apenas se espera que eles sejam minimizados.

Gerenciar projetos é aplicar conhecimentos e técnicas adequadas para que um projeto tenha mais chances de sucesso. É claro que você é quem decide se vai gerenciar ou simplesmente "tocar" o projeto!

Minha citação favorita: **"Feito é melhor que perfeito!"**

Facebook - Palo Alto, EUA

Quanto mais no futuro for um determinado trabalho, mais difícil e arriscado será gerenciá-lo.

DICAS, RISCOS — 10

Controlar um projeto é diferente de monitorá-lo. Controlar requer proatividade e envolvimento. Monitorar é apenas um trabalho passivo de observação.

11 — CONTROLE, SUCESSO, PROATIVIDADE

O que faz o sucesso do projeto é o seu controle e não apenas o monitoramento.

CONTROLE — 12

Para que seu projeto dê errado, você não precisa fazer nada. Ele dá errado sozinho. O que dá trabalho e requer energia é fazer com que ele dê certo e siga o plano desejado!

13

O que garante o sucesso ou fracasso de um projeto está na relação entre o escopo do trabalho a ser feito, o prazo disponível e os custos. Eles compõem o que chamamos de **restrição tripla.**

SUCESSO, ESCOPO, PRAZOS, CUSTOS

CONCEITOS BÁSICOS

Claro, quando falamos sucesso, estamos falando sucesso na **execução** da ideia. Sem um *Business Case* coerente, não adianta executar bem... O produto não vai valer nada estrategicamente.

BUSINESS CASE, SUCESSO

A estrutura organizacional influencia diretamente os trabalhos por projetos. Quanto mais rígida e departamentalizada for a organização, mais desafiadores serão os projetos.

DICAS

Seja humilde, não supervalorize seu projeto. Ele não é mais importante que a própria organização ou que o meio-ambiente político e social no qual todos nós estamos imersos.

DICAS

Muitas organizações usam estruturas matriciais para organizar aspectos de projetos e rotinas. Pode ser uma solução... mas tem que ser temporária. Os efeitos colaterais e os conflitos serão sempre gigantes.

Criar um escritório de projetos (PMO) não é a primeira coisa a ser feita para trabalhar com projetos. Primeiro aprenda o assunto, divulgue e socialize internamente a ideia antes de dar grandes passos.

E, finalmente, minha citação favorita sobre o suporte executivo ao planejamento: *"O executivo nunca tem tempo para planejar... Mas sempre tem dinheiro para refazer."*

CAPÍTULO 2
GERENCIAMENTO DE PROJETOS COMO HABILIDADE DE VIDA

Uma preocupação que tenho é que muitas pessoas pensam que gerenciamento de projetos é uma atividade somente para aqueles que optaram por ter no trabalho em projetos a própria profissão.

Um dos grandes objetivos do livro e especialmente dos próximos tweets é mostrar que diversas outras profissões podem se beneficiar dos conceitos de projetos.

A melhor correlação que consigo fazer é comparar o gerenciamento de projetos com a matemática. Os conceitos básicos de matemática não servem apenas para o matemático. Eles servem também para o antropólogo, para o advogado, para o professor de português. É o que eu chamo de conceito de aplicabilidade universal.

Dentro dessa mesma linha, diversas ferramentas e conceitos envolvidos no gerenciamento de projetos também podem ser aplicados nas mais variadas profissões e atividades pessoais.

Quem sabe você pode se beneficiar de conceitos básicos de orçamento para planejar a próxima reforma da sua casa? Quem sabe a escolha do seu próximo destino para as férias possa usar ferramentas de gestão de portfólio e seleção de projetos? Pode ser uma forma bastante eficaz de consolidar os desejos dos filhos, da namorada ou namorado, do cônjuge e os seus próprios!

(21)

Você não precisa construir uma usina atômica para usar gerenciamento de projetos. Os conceitos de projetos são para a vida e não apenas para os profissionais da área.

Não confunda as coisas achando que gerenciamento de projetos é só para "coisas grandes". Os conceitos e ferramentas valem para todos os projetos, inclusive àquele pequenininho que está na sua gaveta.

22

Você pode usar *Post-Its*® para detalhar a sua próxima viagem de férias e assegurar que você não está deixando nem um trabalho a ser feito para trás.

23 — EAP, ESCOPO

Em uma reunião de família, você pode discutir rapidamente quais os riscos relacionados à reforma da sua casa e listá-los no papel. O simples fato de saber que o risco existe já o diminui.

RISCOS — **24**

Se você é advogado, cada um dos processos dos seus clientes pode ser um projeto e pode ter escopo, objetivo, cronograma, etc.

Você pode usar ferramentas de gerenciamento de portfólio para decidir se é melhor comprar um carro, viajar de férias ou reformar sua casa.

Já o médico pode usar técnicas de decisão e avaliação de riscos para decidir o melhor caminho a tomar com determinado paciente.

> Temos que entender que saber gerenciar projetos é como ter mais uma ferramenta em nosso canivete suíço. É indispensável em um mundo com cada vez mais projetos e cada vez menos rotina.

ROTINA

CAPÍTULO 3
O GERENTE DE PROJETOS

Conheça melhor quem é a locomotiva que faz o projeto acontecer. Nos próximos tweets você irá conhecer o trabalho do gerente do projeto, suas habilidades essenciais e seu escopo de trabalho.

Você irá entender que o gerente do projeto é o maestro da orquestra, aquele que utiliza as suas habilidades de planejamento e liderança para fazer com que as ideias se transformem em resultados.

Como você deve estar imaginando, existe uma percepção nem sempre verdadeira de que o gerente de projeto deve obrigatoriamente ter um conhecimento profundo no conteúdo técnico do projeto. Para sua surpresa, inúmeros estudos que avaliaram o sucesso ou fracasso do projeto não associam este sucesso a conhecimento técnico.

Afirmar isso é o mesmo que afirmar que o técnico de futebol deve ter tido obrigatoriamente uma carreira brilhante como jogador. O que vale para o técnico é saber montar a equipe correta, treinar e inspirar o time para um resultado superior.

E no mundo dos projetos é basicamente a mesma coisa. É só trocar as táticas futebolísticas e a taça do campeonato pelo projeto e seu resultado.

O gerente de projetos é o responsável final pelo sucesso do projeto. Ele monitora e supervisiona os resultados, além de liderar o time principal do projeto.

🔖 LIDERANÇA

O gerente de projetos deve, sempre que possível, ser escolhido no início do projeto e idealmente deve estar presente até o término dos trabalhos.

30

Características básicas de um gerente de projetos de sucesso: generalista (capaz de entender o contexto), excelente comunicador e politicamente esclarecido.

31 — SUCESSO

Não necessariamente o melhor técnico será o melhor gerente de projetos. A atividade de gestão do projeto envolve diversos outros aspectos, além dos aspectos técnicos.

CRIATIVIDADE, LIDERANÇA — 32

Selecionar o gerente de projetos é uma atividade que requer empenho e dedicação do(s) patrocinador(es). É indiscutivelmente a posição mais estratégica do projeto.

`PATROCINADOR` — 33

A responsabilidade deve ser acompanhada pela autoridade. Não exija resultados diferenciados de um gerente de projetos, se você não dá a ele também a autoridade para a devida liderança do projeto.

34 — `AUTORIDADE, LIDERANÇA`

Quem gerencia o projeto é o gerente do projeto e sua equipe principal. Não é um trabalho individual: **é 100% equipe!**

`EQUIPE` — 35

Um gerente maduro é aquele que foi exposto a vários tipos de projetos em várias posições e não tem necessariamente relação com idade ou tempo de empresa.

DICAS — 36

Não se pode garantir que um profissional será um grande gerente de projetos apenas porque ele já passou por várias áreas da organização. Lembre-se que projeto é sempre algo novo e **diferente**.

37

Ao realizar um trabalho como gerente de projetos, mantenha sempre na sua cabeça a seguinte frase: *"Se fosse fácil, qualquer um faria".*

CITAÇÕES — 38

CAPÍTULO 4
CARREIRA EM PROJETOS

Nesse tópico irei discutir alguns pontos que acredito serem fundamentais para que você compreenda ao decidir pela carreira de projetos.

Existe uma percepção míope por parte dos aspirantes a gerente de projetos que enxergam apenas os benefícios, o status e os ganhos financeiros. Um gerente de projetos competente realmente pode e deve ser remunerado de forma muito digna. O problema aí é em ser competente.

Ser um bom gerente de projetos é ter um conjunto de habilidades que vão da capacidade analítica de planejamento ao empreendedorismo, da capacidade de perceber riscos até a liderança das pessoas. Não é um conjunto de habilidades tão óbvio e facilmente adquirível. Não é um MBA em projetos ou uma certificação que vão fazer com que você gerencie efetivamente um projeto.

O diploma e o certificado são credenciais importantes, mas a experiência que você adquire a cada dia em cada projeto é que torna você um gerente de projetos completo, cobiçado e valorizado no mercado.

(39)

Como o mundo está cada vez mais **projetizado**, a carreira de gerente de projetos é uma carreira em franca ascensão. Mas assim como eu não canto e não jogo futebol, ser gerente de projetos não é uma habilidade para qualquer pessoa.

A vida é cruel. Quanto mais experiente você se torna em projetos, mais desafiantes serão as oportunidades. Não necessariamente sua compensação financeira acompanha a mesma regra!

Ser um gerente de projetos é ser um gerente do estresse. Tenha sempre em mente que se alguém paga a você para ser um gerente de projetos, ele está pagando para que você assuma o estresse e o problema para ele.

CARREIRA — 41

Uma boa forma de ampliar suas oportunidades profissionais em projetos é estar aberto a projetos fora da sua área de atuação. Os conceitos que permeiam os projetos são universais e podem ser aplicados nos mais diversos tipos de projetos.

42 — **DICAS, CARREIRA**

Comece humilde. Não queira que o seu primeiro projeto seja uma hidrelétrica. Talvez a próxima reforma da cozinha da sua casa ou sua próxima viagem de férias sejam um excelente ponto de partida.

43

Existe um mercado imenso para trabalhar com projetos. O desafio, na maioria das vezes, é que as oportunidades nem sempre estão geograficamente onde você está. Seja flexível para morar em outro país!

44

Sem sombra de dúvida, as certificações em projetos mais populares são a de **Project Management Professional (PMP)** do Project Management Institute (PMI) e a de **PRINCE2 Practitioner** do Office of Government Commerce (OGC).

45 — CERTIFICAÇÃO, PMI, PRINCE2, CARREIRA

A certificação profissional em projetos é um alavancadora de oportunidades que te garante ao menos a primeira entrevista. O que garante o emprego é o que você fez com os conhecimentos adquiridos em projetos reais.

CERTIFICAÇÃO, CARREIRA — **46**

CAPÍTULO 5
O INÍCIO DE TUDO: O BUSINESS CASE

Uma das causas principais de falhas em projetos é começar a planejar ou executar sem saber exatamente qual o resultado a ser alcançado.

O Business Case, também chamado *Caso de Negócios*, é a linha mestre que busca discutir e ponderar sobre os principais benefícios e justificativas para a existência de um projeto.

O Business Case não é um documento feito apenas para "constar". Ele é uma avaliação séria sobre o que você pretende fazer e quais serão os benefícios.

O Business Case usualmente inclui:

- Análise de Viabilidade.
- Histórico de como a ideia do projeto nasceu.

- Principais interessados no projeto.
- Justificativas, resultados esperados, etc.

É claro que ele não é limitado apenas aos itens acima. Ele precisa ser consistente o suficiente para realmente suportar a decisão sobre um projeto.

Um dos erros mais comuns nesse início é o desenvolvimento do Business Case apenas para justificar um projeto que já vai ser executado. É mais ou menos fazer o Business Case apenas para suportar uma conclusão que você já sabe qual é! Isso é uma inversão do valor desse trabalho, cuja proposta principal é permitir o diálogo e o questionamento sobre a real necessidade do projeto.

E, diferentemente do que muitos pensam, é igualmente benéfico quando a conclusão desse estudo indica que o melhor é não fazer o projeto. Principalmente porque você ainda não gastou praticamente nada. Imagina você chegar à conclusão que não vale a pena no dia da entrega do projeto? Vai ser uma catástrofe.

47

Um projeto só existe se ele estiver diretamente relacionado à solução de um problema ou ao aproveitamento de uma oportunidade! Sem problema ou sem oportunidade = sem projeto!

Não saber qual é a razão da existência do projeto é o mesmo que começar a dirigir por uma estrada sem saber exatamente onde se quer chegar.

SUCESSO — 48

O *Business Case* deve ser o primeiro documento gerado em um projeto. Ele explica os fundamentos que fazem o projeto existir.

49 — BUSINESS CASE

Não existe um formato para se fazer um *Business Case*. Um pedaço de papel com ideias claras de onde e porque você quer fazer alguma coisa já é um ótimo primeiro passo.

SIMPLIFIQUE, BUSINESS CASE — 50

O INÍCIO DE TUDO: O BUSINESS CASE

O *Business Case* aborda diversos "porquês" que precisam ser respondidos antes de qualquer planejamento. Ele justifica a existência do projeto.

BUSINESS CASE — 51

A discussão sobre as razões, problemas e benefícios para o *Business Case* deve ser sempre feita em equipe. Isso permite que pontos de vista diferentes sejam considerados e incorporados.

52 — EQUIPE

A criatividade e a geração de ideias no início do projeto devem ser incentivadas. Criatividade e ideias (especialmente as mirabolantes) nas fases avançadas dos trabalhos são simplesmente um pesadelo.

CRIATIVIDADE — 53

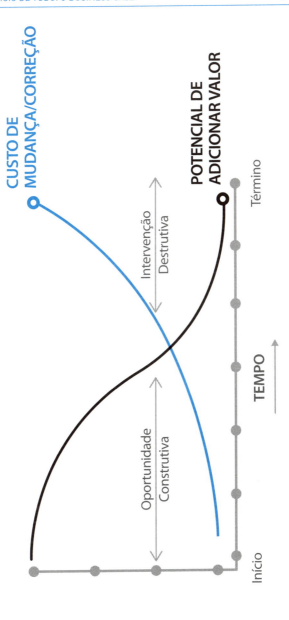

Sempre busque um patrocinador para seu trabalho. Ele(a) é a sua garantia e o seu suporte para viabilizar o planejamento e principalmente proteger o projeto das **tempestades** durante sua execução.

CAPÍTULO 6
DIMENSIONANDO O TRABALHO A SER FEITO

Neste capítulo apresento os principais aspectos envolvidos no preparo do escopo do projeto. Lembre-se que o objetivo aqui não é só planejar o trabalho, mas sim garantir que o produto ou serviço desejado seja obtido através da menor quantidade de trabalho possível.

É extremamente importante e compõe a base do planejamento. Trata-se do desafio permanente de se fazer mais com menos.

Ferramentas fundamentais, como a Estrutura Analítica do Projeto (EAP), são apresentadas e explicadas, mostrando que o escopo nada mais é do que o detalhamento, de modo claro e preciso, de tudo o que tem que ser feito no projeto, compondo uma base sólida para os trabalhos seguintes de planejamento, incluindo a determinação dos prazos necessários, dos custos, da equipe e dos riscos.

Ao gerenciarmos adequadamente o escopo, garantimos a clareza dos trabalhos a serem feitos e minimizamos os riscos decorrentes da distorção completa dos produtos/serviços desejados.

55

A primeira atividade do planejamento é definir o que será produzido pelo projeto. Se você não sabe o que precisa ser feito, é impossível determinar quanto tempo irá levar e quanto dinheiro será requerido!

✎ CUSTOS, PRAZOS, ESCOPO, SUCESSO

O escopo deve separar o que será feito daquilo que não será. Ele é uma espécie de fronteira. Se algo não está definido como parte do escopo, então **PRECISA** ser considerado como fora do projeto.

56

Escopo é o **DNA** do projeto. É impossível saber quais são os riscos ou quem fará o projeto se não soubermos qual o trabalho requerido.

57 CITAÇÕES, RISCOS

A **EAP**, ou Estrutura Analítica do Projeto, é a ferramenta básica do escopo do projeto. É como um organograma, só que no lugar de cargos e funções, ela tem o trabalho do projeto dividido em seus componentes.

 EAP, ESCOPO 58

DIMENSIONANDO O TRABALHO A SER FEITO 41

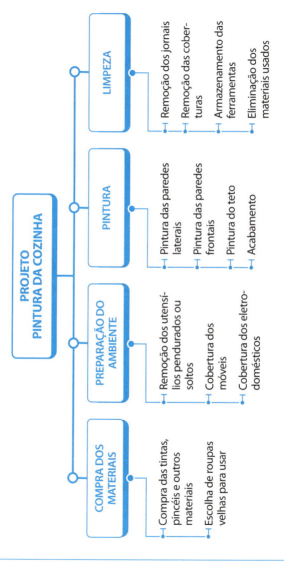

Exemplo de uma EAP

Cada nível que se desce na EAP, significa um aumento no nível de detalhe do trabalho. O nível mais baixo é usualmente chamado pacote de trabalho. E é nesse pacote que o trabalho é efetivamente realizado.

✍ EAP, PACOTE DE TRABALHO — 59

A criação da EAP permite que se atribua melhor as responsabilidades e os custos do projeto, uma vez que cada célula de trabalho é claramente especificada.

60 — EAP, RESPONSABILIDADES, CUSTOS ✍

Existem duas formas clássicas de construção da EAP: de cima para baixo, através de **decomposição**, e de baixo para cima, através de **agregação**.

✍ EAP — 61

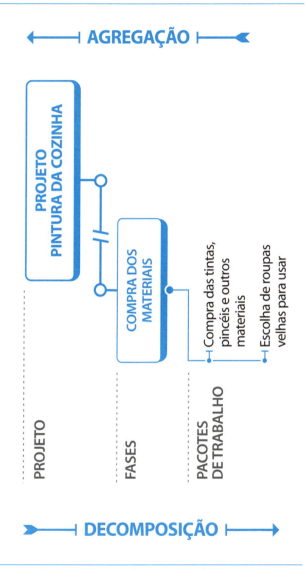

Os dois processos de construção de uma EAP

A construção da EAP através de decomposição é feita começando por grandes fases, que são decompostas sucessivamente em agrupamentos de trabalhos menores, até que o nível de detalhamento desejado seja alcançado.

A construção da EAP através da agregação é mais complexa. Ela inicia com a geração aleatória dos trabalhos para que, em seguida, estes sejam agrupados por similaridades, gerando as fases do projeto. É como montar peças Lego.

Quando você tiver que escolher apenas um documento para o seu projeto, crie uma EAP. Acredite, ela é mais importante que o cronograma e o orçamento, por exemplo.

DIMENSIONANDO O TRABALHO A SER FEITO 45

A única forma de atribuir responsabilidades de modo efetivo é através de um detalhamento claro do escopo do projeto.

 RESPONSABILIDADES 65

Dois males incontestáveis quanto ao escopo do projeto: crescimento desordenado do escopo *(Scope Creep)* e "banhar a ouro os trabalhos e produtos" *(Gold Plating)*.

66

Crescimento desordenado do escopo ocorre quando o trabalho definido começa a crescer e incorporar novos trabalhos de modo constante, prejudicando as entregas. Usualmente chamado de **Síndrome do já que**.

67

Banhar a ouro os trabalhos e produtos é adicionar uma série de funcionalidades que tomam tempo e consomem recursos, mas que não valorizam o produto. Banhar a ouro um metal não o transforma em ouro…

Gerencie o escopo ou sofra com a Lei de Porter: *"Você será sempre solicitado a fazer mais e mais com menos e menos, até que você consiga fazer tudo sem consumir nada."*

CAPÍTULO 7
ESTABELECENDO E MONITORANDO PRAZOS

O gerenciamento do tempo é talvez a forma mais visível do planejamento. É aqui que a maior parte dos softwares e das técnicas encontra sua aplicabilidade máxima.

E por causa desse excesso de importância dada aos prazos, muitas organizações e profissionais ficam tentando desesperadamente gerenciar o tempo, sem perceber que, na verdade, não é o tempo que deveria ser gerenciado.

O tempo é uma consequência do trabalho a ser feito, dos riscos aos quais o projeto está sujeito, da competência e motivação da equipe do projeto, dentre outros.

O que as organizações realmente precisam é planejar e gerenciar melhor o trabalho a ser feito em outras áreas como escopo, riscos e recursos humanos de modo a permitir que os resultados se reflitam no tempo.

Quando dizemos que um trabalho está atrasado, temos que imediatamente verificar o que aconteceu, e onde e quando aconteceu. O real problema se esconde muitas vezes nas entrelinhas da resposta a esse tipo de questionamento.

70

Gerenciar apenas prazos e custos é como usar um termômetro para descobrir qual é a doença de um paciente. Um atraso no cronograma é um indicativo do problema, mas não necessariamente o problema em si.

🏷️ CUSTOS

Estabelecer um prazo final de modo arbitrário, sem considerar os dados e o trabalho requerido, é o mesmo que sonhar à noite e querer que no dia seguinte esse sonho vire realidade.

 SUCESSO 71

Um cronograma nada mais é do que uma representação do trabalho no tempo. Ele pode ser representado visualmente de diversas formas. Dentre as mais populares estão o Gráfico de Gantt e o Diagrama de Rede.

72 GRÁFICO DE GANTT, DIAGRAMA DE REDE

O **Gráfico de Gantt** é a forma mais popular de representar um cronograma. É composto por barras de tamanho constante colocadas no calendário. Seu comprimento é diretamente proporcional à sua duração.

GRÁFICO DE GANTT 73

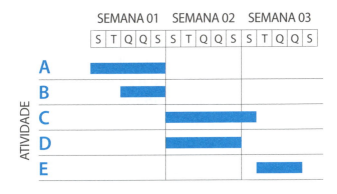

Gráfico de Gantt

Outra forma muito usada é o **Diagrama de Rede**. Ele organiza o trabalho em uma sequência lógica de execução.

DIAGRAMA DE REDE

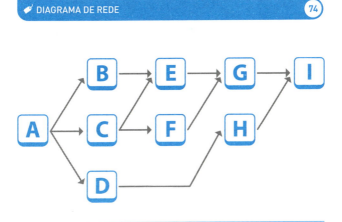

Exemplo simplificado de um Diagrama de Rede

Na rede, usualmente, as tarefas estão ligadas de forma que uma tarefa só poderá ser iniciada quando a anterior esteja terminada. Isto se chama ligação Término para o Início. Há outras ligações possíveis, como Início para Início, Término para Término e até mesmo Início para Término.

DIAGRAMA DE REDE — 75

Tente, sempre que possível, fazer todas as ligações do tipo Término para Início. Não complique sua vida criando ligações complexas que só irão atrapalhar. Só as use em casos absolutamente necessários.

76 — DIAGRAMA DE REDE, SIMPLIFIQUE

Você pode contar com o apoio de um software para fazer o cronograma (Microsoft Project, por exemplo). Mas não se esqueça que a ferramenta é só uma ferramenta. Ela não é o gerente do projeto.

77

Dominar o Microsoft Project sem saber gerenciamento de projetos é como dominar o Excel sem saber matemática. Um perigo!

Um conceito fundamental em qualquer plano é o do **caminho crítico**. Ele é o caminho que é composto por todos os trabalhos cujos atrasos implicam atraso do projeto.

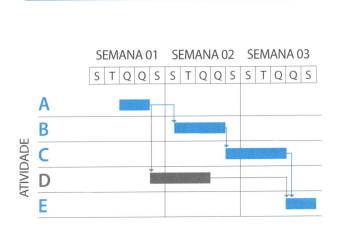

Gráfico de Gantt mostrando o Caminho Crítico (em azul)

O caminho crítico pode ser calculado em um processo matemático simples, onde as durações e as potenciais datas de início e término das tarefas são avaliadas e as possíveis folgas identificadas.

 CAMINHO CRÍTICO 80

As tarefas que estão agendadas sem folga são aquelas que mais impactam o prazo final do projeto e, consequentemente, são chamadas de tarefas críticas.

81 CAMINHO CRÍTICO

Caminho crítico diz respeito, exclusivamente, a prazos no projeto. Não é necessariamente o caminho mais **caro**, o mais **tecnicamente desafiador** ou o mais **perigoso** do projeto.

82

Recursos são todos os materiais, equipamentos e pessoas utilizados nos trabalhos do projeto. Eles determinam diretamente a duração do projeto.

RECURSOS — 83

Na absoluta maioria das tarefas, a quantidade de recursos trabalhando impacta diretamente na sua duração. Mais gente, menos tempo. Chamamos isso de **compactação** (ou "crashing").

84

É muito importante saber que mecanismos de compactação de prazos têm um limite de validade, afinal, 9 mulheres não esperam 1 filho em 1 mês!

COMPACTAÇÃO DE PRAZOS, PRAZOS — 85

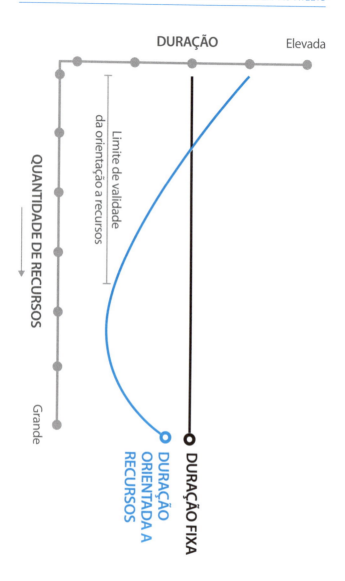

Compactar uma tarefa do projeto é adicionar recursos à tarefa visando diminuir seu prazo. Muito usado quando o recurso é relativamente barato em relação ao trabalho efetuado.

COMPACTAÇÃO DE PRAZOS

Um dos mecanismos mais tradicionais para acelerar os prazos de um projeto é realizar mais tarefas em paralelo. O grande desafio do **paralelismo** (ou "fast tracking") é manter os riscos em um patamar minimamente tolerável para o projeto.

RISCOS, PARALELISMO

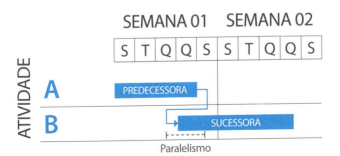
Paralelismo

Não adianta fazer em paralelo tarefas não críticas. Ao fazer isso, você está apenas aumentando sua folga em detrimento dos riscos e da qualidade.

PARALELISMO, RISCOS — 88

Não se esqueça: *"Planejar é muito mais do que gerenciar prazos e fazer cronogramas"*.

89 — CITAÇÕES

CAPÍTULO 8
GERENCIAMENTO DOS CUSTOS E ORÇAMENTOS

Nunca devemos ficar paranóicos com os custos. Antes, talvez precisemos discutir o conceito de valor, que está relacionado com o benefício que se deseja atingir. Muitas vezes o desafio é transformar esse valor em moeda, principalmente quando os benefícios não forem claramente tangíveis. Nesse caso, é preciso um esforço adicional para questionar e tentar entender, claramente, qual valor cada um daqueles benefícios propostos irá trazer para o projeto.

Assim como o tempo, discutido no capítulo anterior, o custo é parte central do controle de qualquer projeto. Todos querem assegurar que o dinheiro disponível seja suficiente para entregar os benefícios esperados. É importante ressaltar que o custo está diretamente relacionado ao trabalho que precisa ser feito e aos recursos disponíveis.

Recursos são todos os materiais, equipamentos e pessoas que serão utilizados para executar as tarefas do projeto. São eles que consomem, basicamente, o dinheiro destinado ao projeto.

Fica a minha dica: se o que você está fazendo não tem valor algum, qualquer centavo gasto é uma fortuna!

Custo é diferente de **preço**. Custo é uma função dos insumos que você utiliza no projeto. Preço é uma decisão de negócio que se baseia nos seus competidores e na percepção de valor dada pelo mercado.

O custo do projeto é a soma dos custos dos recursos utilizados no projeto com os custos administrativos relacionados.

RECURSOS, CUSTOS — 91

A forma mais eficaz de se determinar o custo do projeto é através dos custos dos pacotes de trabalho definidos na Estrutura Analítica do Projeto.

92 — EAP

Recursos humanos são remunerados em função do tempo gasto (hora, dia, mês). Os materiais são pagos pelo consumo e não alteram os custos se a tarefa atrasar.

RECURSOS — 93

As causas de estouro no orçamento são relacionadas à falta de clareza no trabalho a ser feito e à incapacidade de se identificar, avaliar e responder aos riscos.

94 — RISCOS, ESCOPO, SUCESSO

GERENCIAMENTO DOS CUSTOS E ORÇAMENTOS

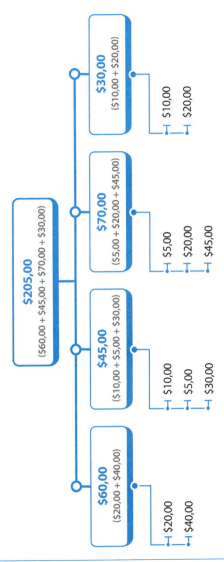

Estimativa de Custos por Pacotes de Trabalho

Dinheiro não é recurso, mas sim o custo do recurso. O dinheiro por si só não realiza trabalho. O que está envolvido no trabalho é que custa dinheiro. Exemplos: pedreiro, cimento, tinta, escada.

Dinheiro só seria material se fosse utilizado diretamente no trabalho. Imagine que você quer revestir seu quarto com cédulas de $100. Nesse caso, o dinheiro (cédula de papel) seria um material.

Controlar custos isoladamente é uma falha. Os problemas não acontecem nos custos, mas se refletem neles. Por isso que o controle do projeto precisa ser feito de forma integrada.

🚀 CONTROLE

CAPÍTULO 9
GERENCIANDO A QUALIDADE

Qualidade é um dos conceitos mais mal-entendido de que já tive notícias. Muitas vezes, por trás da justificativa da qualidade, acabamos fazendo mais do que deveria ser feito e gastando muito mais do que planejamos. Surpreender o cliente e inovar são façanhas espetaculares do ponto de vista de diferenciação, mas são, por outro lado, um perigo caso não entendermos o real custo x benefício da qualidade, isto é, o que vale e o que não vale a pena fazer.

O conceito central da qualidade no âmbito do planejamento e do gerenciamento de projetos deve ser focado no atendimento da necessidade do cliente. Se não sabemos o que ele quer/precisa temos grande dificuldade em entender o que é um produto/serviço de qualidade.

É uma questão de gerenciamento das expectativas. E expectativas não são tratadas por simples matemática. A expectativa é moldada nos aspectos culturais, sociais e psicológicos de cada um. Você não precisa fazer um produto/serviço que tenha a sua cara. Você precisa fazer algo que seja a cara do cliente.

É claro que o que eu escrevi agora não é aceito de modo unânime. Steve Jobs foi contundente ao dizer que não valorizava nem se importava em pesquisar a necessidade do cliente. Ele sempre dizia: "O consumidor não sabe o que é bom para ele. Nós sabemos!" E a história presente da Apple nos mostra que os produtos desenvolvidos nesse modelo e sob esse "discurso" são um sucesso implacável e inquestionável.

Mas esse é um caso atípico em uma empresa atípica! É assunto para nossos filhos e netos lerem nos livros de economia modernos.

Existe uma relação direta entre qualidade, custo e benefício. Nem sempre o mais caro é o que tem melhor qualidade. Tudo depende do contexto e dos objetivos que você tem.

BENEFÍCIO, CUSTOS

Uma **Ferrari** é melhor que um **Fusca**? Muitas vezes achamos que o que é caro, sofisticado e luxuoso tem mais qualidade. Mas se nosso desejo é um carro para usar na fazenda cujo acesso é de terra, o bom e adaptável Fusca pode ser uma opção de muito mais qualidade.

 CUSTOS 99

Qualidade é atender às necessidades do cliente do projeto. Se você não sabe o que o cliente espera, é impossível saber se o que você está fazendo atenderá às necessidades desse cliente.

100

Qualidade e escopo andam lado a lado. Muitas vezes, a forma e o detalhe de como o projeto será decomposto em pacotes de trabalho determinam as expectativas de qualidade para o projeto.

EAP, ESCOPO 101

PROPOSTO PELO PATROCINADOR

O QUE FOI PLANEJADO

O QUE FOI ENTREGUE

O QUE O CLIENTE QUERIA

Um pouco de polêmica: *"Surpreender positivamente o cliente não é, necessariamente, uma coisa boa dentro do ponto de vista do planejamento."* O custo/esforço dessa surpresa pode ser visto como supérfluo.

Tudo é simples assim: *"Entenda e entregue o que o cliente quer. Não enfeite nem deixe de fazer!"*

CAPÍTULO 10
LIDERANDO PESSOAS

Como já foi visto, o trabalho em projetos é sempre algo na fronteira entre o que é possível e o que é impossível de se fazer. Por isso é fundamental ter um time e uma liderança impecáveis.

Imagine que Edward A. Murphy, o criador da lei que leva seu sobrenome, é sempre um dos principais membros da sua equipe. E ele virá sempre com sua poderosa frase: "Se alguma coisa pode dar errado, com certeza dará."

Liderar e inspirar o time rumo a um desempenho superior são umas das tarefas mais críticas e importantes que o gerente de projeto e sua equipe principal devem fazer.

Temos que lembrar que, à frente das tarefas não há um computador ou uma máquina por si só, mas sim pessoas que o programaram ou que o operam, e essas pessoas estão sendo submetidas a um nível de estresse diferenciado e precisam ser inspiradas e lideradas efetivamente.

Liderar um projeto passa por escutar com atenção o que o time, o patrocinador, o cliente e as demais partes interessadas dizem e assim obter um entendimento real das necessidades de todos.

Mudar um gerente de projetos em fases avançadas do projeto abre oportunidades para mudanças indesejadas no escopo, aumentando o risco de fracasso.

RISCOS, ESCOPO

Uma base de poder e liderança é construída na integridade, no exemplo constante e na coerência, e nunca na posição hierárquica ou no medo.

 LIDERANÇA 105

Para que um projeto seja bem-sucedido, os membros do time precisam ter confiança nos profissionais que lideram os trabalhos.

106 SUCESSO, EQUIPE

Gerenciar os interessados é tão importante quanto saber o escopo do que deve ser feito. Se você não sabe quem influencia positiva e negativamente os trabalhos, você será incapaz de identificar os riscos que podem ocorrer.

 ESCOPO, PARTES INTERESSADAS, RISCOS 107

> Conflitos fazem parte do trabalho. É importante saber que nem todo conflito é ruim e destrutivo. Muitas vezes os conflitos também trazem mudanças, novas posturas e perspectivas para a equipe.

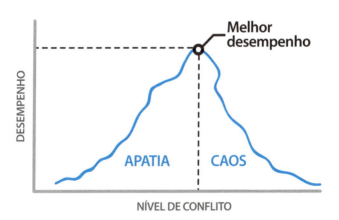

Uma equipe é um grupo de pessoas com habilidades **diferentes**, comprometidas com um **objetivo comum**. Um time de futebol não seria um time se fosse composto por 11 goleiros. A diversidade faz a equipe.

Palavras que caracterizam uma equipe: confiança, respeito, diversidade, boas relações, senso crítico e propósito comum.

Não ache que quanto maior for a equipe, mais **poderoso** é o projeto. Muitas vezes, um projeto sério e complexo não vai precisar de muitas pessoas. Talvez ele só precise dos que são **realmente competentes**!

CAPÍTULO 11
COMPREENDENDO A IMPORTÂNCIA DAS COMUNICAÇÕES

Uma das áreas que mais improvisamos ao pensarmos em planejamento é a comunicação. Na maioria das vezes pensamos que o ato de comunicar é algo natural e simples e acabamos não dedicando o devido tempo e esforço para assegurar que as informações fluam de modo efetivo.

Comunicar é uma das tarefas mais sujeitas às diferentes percepções, culturas e valores. Muitas vezes, gestos simples e óbvios para alguns, podem ser percebidos de forma completamente diferente por outros.

Quem é que nunca se deparou com esse tipo de situação onde foi mal interpretado?

Para ser efetivo na comunicação é importante entender o público e a mensagem que precisa ser dada. Temos que compreender que a mensagem a ser dada ao presidente da empresa sobre um determinado projeto é diferente da mensagem a ser dada à equipe do projeto, que, por sua vez, é diferente da mensagem a ser enviada para toda a empresa.

Isso parece estranho, não parece?

Será que eu estou sugerindo que você fale uma coisa para um grupo e outra coisa diferente para outro grupo? Nada disso. Observe que eu falei "mensagem" e não informação. A mensagem é a forma com que codificamos a informação. A informação é sempre a mesma para todos os públicos. O que muda é a abordagem da mensagem visando facilitar o entendimento de quem a recebe!

> 112
>
> Comunicar é muito mais do que falar e ouvir, escrever e ler. A informação e a comunicação são os principais suportes em toda tomada de decisão!

A comunicação sempre tem dois lados: quem emite a informação tem que fazê-lo de forma clara e direta (emissor). Quem recebe tem que confirmar que recebeu e entendeu a mensagem (receptor).

113

Lembre-se: é muito mais fácil escrever uma página do que apenas 1 linha. E como disse Renato Russo: *"Não podemos nunca falar demais quando na verdade não temos nada a dizer"*.

  SIMPLIFIQUE, CITAÇÕES

Público interno: equipe do projeto, direção da empresa, outros departamentos.
Público externo: clientes, fornecedores, governo, comunidade. É importante criar mensagens específicas para cada público!

115

> Nosso problema hoje não é a falta de informação, mas sim o excesso de informação. Esse excesso polui e dificulta a tomada de decisão. Seja claro, direto e conciso.

Ao sairmos do elevador nos deparamos com a placa abaixo.

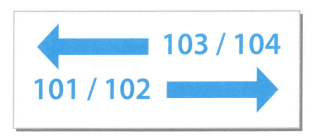

Qual é a direção para a sala 102?

Dado e informação são coisas diferentes. **Dado** é algo que foi coletado e que não serve diretamente para nada. Exemplo: a tarefa está atrasada 2 dias.

117

Informação é o dado processado que suporta a tomada de decisão. Exemplo: o atraso de 2 dias na tarefa implicará em uma multa de $1.000.000 e inviabilizará comercialmente o produto desenvolvido.

118

Tudo aquilo que pode distorcer a informação e que não faz parte do seu conteúdo é considerado um **anteparo**. Anteparos são criados com base na cultura, valores, emoções, julgamentos e personalidade.

DICAS 119

Toda vez que alguém emite uma mensagem (seja um texto, um gráfico ou uma fala durante uma reunião), ela(e) faz isso segundo seus anteparos (cultura, valores, experiência de vida, julgamento e personalidade).

Processo de codificação e decodificação de uma mensagem através de anteparos diferentes

Quando alguém recebe a mensagem, ele a decodifica segundo seus anteparos. Se os anteparos entre quem emite e quem recebe são diferentes, os riscos de uma quebra na comunicação são evidentes.

CAPÍTULO 12
IDENTIFICANDO, AVALIANDO E RESPONDENDO AOS RISCOS

Nos próximos tweets irei abordar talvez uma das áreas que mais tem recebido atenção nos últimos anos: o gerenciamento dos riscos.

A gestão desses eventos incertos tem se tornado, a cada dia, uma parte mais fundamental do que fazemos e de como planejamos. Temos que ter certeza de que os planos que estamos estruturando são compatíveis com os riscos que estamos dispostos a correr.

E, nesse caso, a questão fundamental recai em dois pontos básicos: a **incerteza** e a **tolerância**. A incerteza nos traz a dúvida sob o custo x benefício de fazer ou não alguma coisa para evitar ou potencializar algum risco que, até o momento, só existe na nossa cabeça. A tolerância delimita o quanto aceitamos a perda decorrente de uma ameaça ou até mesmo o ganho decorrente de uma oportunidade.

De qualquer forma, precisamos saber que projetos são usualmente mais arriscados do que a rotina. Os projetos envolvem, na maioria das vezes, um componente relevante de inovação que por si só já condiciona o projeto a um patamar de riscos diferente dos negócios usuais. E precisamos estar preparados para isso. Quem não quer correr riscos não pode querer fazer projetos!

(122)

"Você deseja uma válvula que não vaze e faz todo o possível para desenvolvê-la. Mas no mundo real só existem válvulas que vazam. Você tem de determinar o grau de vazamento que pode tolerar."

Arthur Rudolph - Cientista do foguete Saturno 5

CITAÇÕES

Cuidado, a vida real não acontece nas **CNTP** (Condições Normais de Temperatura e Pressão). Esteja preparado para adaptar, mudar e ajustar seu projeto aos diferentes cenários e riscos.

 DICAS — 123

Gerenciar riscos é uma tarefa **PROATIVA** e não reativa. O sucesso do projeto é uma função da proatividade da equipe em imaginar eventos inesperados e formas de se lidar com eles.

124 — PROATIVIDADE

Faça todo o processo de gerenciamento de riscos em equipe, preferencialmente multidisciplinar. Isso minimiza os impactos de percepções individuais extremas no processo.

EQUIPE — 125

IDENTIFICANDO, AVALIANDO E RESPONDENDO AOS RISCOS

Riscos são os eventos que podem ou não ocorrer, gerando um impacto positivo ou negativo nos trabalhos. Riscos negativos usualmente são chamados **Ameaças** e riscos positivos são chamados **Oportunidades**.

Perfil de Riscos para uma pessoa que deseja pular um buraco com largura e profundidade variáveis

Exposição ao risco é uma função direta do volume de dinheiro que está em jogo em comparação à riqueza disponível. Uma exposição de $1.000 pode ser enorme para alguns e irrelevante para outros.

A tolerância das empresas e pessoas a um determinado risco influencia a sua percepção. Aquilo que é risco extremo para uns pode ser um risco irrelevante para outros. O primeiro passo para entender os riscos é compreender as tolerâncias.

A identificação e análise dos riscos têm uma finalidade clara: estabelecer as respostas possíveis a serem implementadas. As respostas clássicas para as ameaças são: eliminar, aceitar, mitigar e transferir.

IDENTIFICANDO, AVALIANDO E RESPONDENDO AOS RISCOS

Os principais processos para gerenciar os riscos são: **identificar os riscos, analisá-los** (suas probabilidades e seus impactos), **desenvolver respostas e monitorá-los.**

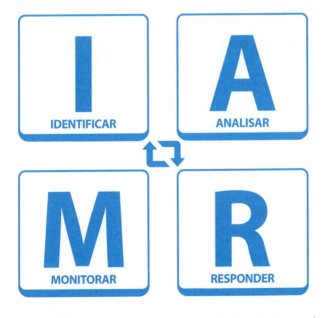

Mitigar um risco é reduzir a probabilidade e/ou o impacto da ameaça. Exemplo: instalar uma nova tranca na porta de casa.

Transferir mitiga o risco através da transferência do impacto para terceiros. Exemplo: contratar um seguro para seu carro.

CAPÍTULO 13
PLANEJANDO E ADMINISTRANDO AS AQUISIÇÕES E CONTRATOS

Este último capítulo do livro trata dos terceiros envolvidos no projeto, sejam eles profissionais liberais ou empresas.

Em muitos projetos, precisamos de fornecedores para realizar parte do trabalho ou viabilizar materiais e equipamentos para que as atividades sejam feitas.

A primeira parte desse processo de contratação ou não de fornecedores está centrada na decisão sobre comprar ou fazer.

Quando decidimos fazer um determinado trabalho que poderia ser fornecido externamente, esse trabalho torna-se parte do escopo do nosso projeto. Mas caso nossa decisão seja por utilizar fornecedores, o trabalho passa a ser escopo do fornecedor e nós passamos ao papel de cliente nessa etapa do projeto. Mas essa decisão não é simples e tem um impacto direto nos riscos e nos orçamentos e/ou prazos do projeto. Uma análise detalhada precisa sempre ser feita antes da tomada de decisão.

Como esses terceiros não necessariamente estão dentro do nosso controle, precisamos garantir que eles serão capazes de cumprir o acordado. Afinal, a responsabilidade de entregar o projeto será sempre nossa.

(133)

Uma decisão sempre importante no planejamento é se iremos comprar um determinado produto/serviço ou se o produziremos dentro da empresa.

🏷 ESCOPO, RISCOS

A decisão de desenvolver o produto ou serviço dentro da empresa precisa garantir que o trabalho seja incluído adequadamente no escopo do projeto.

ESCOPO, RISCOS — 134

Disponibilidade, conhecimento interno, preço, confidencialidade e domínio da tecnologia estão entre os **principais fatores** a serem avaliados durante a decisão de comprar ou fazer.

135 — ESCOPO, RISCOS

Escrever um contrato não é só uma tarefa jurídica, é também uma forma bastante usual de minimizar os riscos e assegurar o cumprimento de vários componentes do seu plano.

O tipo de contrato escolhido para um fornecedor tem influência direta nos riscos associados para quem compra e para quem vende.

Quanto mais preciso é o escopo do trabalho, mais favorável será a utilização de contratos de preço fixo total, uma vez que o trabalho a ser feito é conhecido e pode ser **precificado**.

Por outro lado, quanto menos preciso for o escopo, mais favorável será a utilização de contratos de reembolso. Contratos de preço fixo nesses casos irão incluir adicionais expressivos para potenciais trabalhos adicionais e são um **perigo** para o projeto.

RISCOS, CONTRATOS, ESCOPO — 139

Ao adquirir bens e serviços para o projeto, esteja atento para preços claramente inferiores aos de mercado. Sua alegria vai durar pouco.

140 — CITAÇÕES

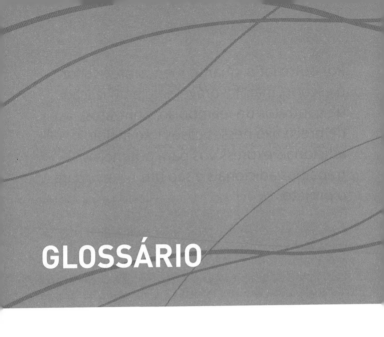

GLOSSÁRIO

Atividade. Um componente de trabalho realizado durante a execução de um projeto.

Atividade crítica. Qualquer atividade do cronograma que fizer parte do caminho crítico do projeto. Mais comumente determinada através do método do caminho crítico. Embora algumas atividades sejam "críticas", no sentido literal, sem estar no caminho crítico, esse significado é raramente usado no contexto de projetos.

Atividade predecessora. A atividade do cronograma que determina quando a atividade sucessora lógica pode começar ou terminar.

Atividade sucessora. A atividade do cronograma que vem após uma atividade predecessora, conforme determinado pelo relacionamento lógico entre elas.

Brainstorming. Uma técnica geral de coleta de dados e exercício de criatividade que pode ser usada para identificar os riscos, ideias ou soluções para problemas usando um grupo de membros da equipe ou especialistas no assunto.

Business case. Fornece informações necessárias do ponto de vista de um negócio, para determinar se o projeto justifica ou não seu investimento. Normalmente, a necessidade de negócios e a análise de custo benefício estão contidas no business case para justificar o projeto. A organização solicitante ou o cliente, no caso de projetos externos, pode escrever o business case.

Caminho crítico. Geralmente, mas não sempre, a sequência de atividades do cronograma que determina a duração do projeto. É o caminho mais longo do projeto.

Compressão / Crashing. Um tipo específico de técnica de compressão de cronograma do projeto, realizada através de ações tomadas para diminuir a sua duração total. Abordagens típicas de compressão de um cronograma incluem a redução das durações das atividades e o aumento da alocação de recursos nas atividades nele contidas.

Compressão de cronograma. Redução da duração do cronograma do projeto sem reduzir o seu escopo. Veja também paralelismo.

Decomposição. Uma técnica de planejamento que subdivide o escopo e as entregas do projeto em componentes menores e mais facilmente gerenciáveis, até que o trabalho do projeto associado à realização do escopo do projeto e ao fornecimento das entregas seja definido em detalhe suficiente para dar suporte à execução, ao monitoramento e ao controle do trabalho.

Diagrama de rede do cronograma do projeto. Qualquer demonstração esquemática dos relacionamentos lógicos entre as atividades do cronograma do projeto. Sempre desenhado da esquerda para a direita, para refletir a cronologia do trabalho do projeto.

Dicionário da estrutura analítica do projeto. Um documento que descreve cada componente da estrutura analítica do projeto (EAP). Para cada componente da EAP, o dicionário inclui uma breve definição do escopo ou declaração do trabalho, entrega(s) definida(s), uma lista das atividades associadas e uma lista dos marcos. Outras informações podem incluir: organização responsável, datas de início e de conclusão, recursos necessários, uma estimativa de custos, número de cobrança, informações do contrato, requisitos de qualidade e referências técnicas para facilitar o desempenho do trabalho.

Duração. Número total de períodos de trabalho (sem incluir feriados ou outros períodos de descanso) necessários para terminar uma atividade do cronograma ou um componente da estrutura analítica do projeto. Normalmente a duração é expressada em dias ou semanas de trabalho. Às vezes, é incorretamente equiparada ao tempo decorrido. Compare com esforço.

Entrega ou marco. Qualquer produto, resultado ou capacidade para realizar um serviço único e verificável e que deve ser produzido para concluir um processo, uma fase ou um projeto. Muitas vezes utilizado mais especificamente com referência a uma entrega externa, que é uma entrega sujeita à aprovação do patrocinador ou do cliente do projeto. Veja também produto ou resultado.

Escopo. A soma dos produtos, serviços e resultados a serem fornecidos na forma de projeto.

Escopo do produto. As características e funções que descrevem um produto, serviço ou resultado.

Escopo do projeto. O trabalho que deve ser realizado para entregar um produto, serviço ou resultado com as características e funções especificadas.

Escritório de projetos / Project Management Office (PMO). Um corpo ou entidade organizacional à qual são atribuídas várias responsabilidades relacionadas ao gerenciamento centralizado e coordenado dos projetos sob seu domínio. As responsabilidades de um PMO podem variar desde o fornecimento de funções de suporte ao gerenciamento de projetos até o gerenciamento direto de um projeto.

Esforço. A quantidade de unidades de mão de obra necessárias para terminar uma atividade do cronograma ou um componente da estrutura analítica do projeto. Normalmente expresso como equipe-horas, equipe-dias ou equipe-semanas. Compare com duração.

Estrutura analítica do projeto (EAP) / Work Breakdown Structure (WBS). Uma decomposição hierárquica orientada à entrega do trabalho a ser executado pela equipe do projeto para atingir os objetivos do projeto e criar as entregas necessárias. Ela organiza e define o escopo total do projeto.

Gold Plating. Refere-se à adição de qualquer funcionalidade não considerada no escopo original, em qualquer ponto do projeto, uma vez que introduz uma nova fonte de riscos para o planejamento inicial, ou seja, testes adicionais, documentação, custos, prazos, etc.

Gráfico de Gantt. Uma representação gráfica de informações relacionadas ao cronograma. Em um gráfico de barras típico, as atividades do cronograma ou os componentes da estrutura analítica do projeto são listados verticalmente no lado esquerdo do gráfico, as datas são mostradas horizontalmente na parte superior e as durações das atividades são exibidas como barras horizontais posicionadas de acordo com as datas.

Mitigação de riscos. Uma técnica de planejamento de respostas aos riscos associada às ameaças que busca reduzir a probabilidade de ocorrência e/ou o impacto de um risco a um nível abaixo do limite aceitável.

OGC. Criado pelo Governo do Reino Unido, o Office of Government Commerce (OGC) tem como objetivo apoiar o processo de contratação e aquisição de organizações do setor público no Reino Unido.

Pacote de trabalho. Uma entrega ou componente do trabalho do projeto no nível mais baixo de cada ramo da estrutura analítica do projeto.

GLOSSÁRIO

Paralelismo / Fast tracking. Uma técnica específica para compressão de cronograma de um projeto que altera a lógica de rede, sobrepondo fases que normalmente seriam realizadas em sequência, como a fase de projeto e a fase de construção, ou para realizar atividades do cronograma em paralelo. Veja também compressão de cronograma.

Partes interessadas / Stakeholders. Pessoas e organizações, como clientes, patrocinadores, organizações executoras ou o público, que estejam ativamente envolvidas no projeto ou cujos interesses possam ser afetados de forma positiva ou negativa pela execução ou término do projeto. Elas podem também exercer influência sobre o projeto e suas entregas.

Patrocinador / Sponsor. A pessoa ou o grupo que fornece os recursos financeiros, em dinheiro ou em espécie, para o projeto.

Portfólio. Um conjunto de projetos ou programas e outros trabalhos agrupados para facilitar o gerenciamento eficaz desse trabalho, a fim de atender aos objetivos estratégicos de negócios. Os projetos ou programas do portfólio podem não ser necessariamente interdependentes ou diretamente relacionados.

PMBOK®. O Guia do Conhecimento em Gerenciamento de Projetos (Guia PMBOK®) é um padrão reconhecido para a profissão de gerenciamento de projetos, que descreve normas, métodos, processos e práticas estabelecidas. Assim como em outras profissões como advocacia, medicina e contabilidade, o conhecimento contido nesse padrão evoluiu a partir das boas práticas reconhecidas de profissionais de gerenciamento de projetos que contribuíram para o seu desenvolvimento.

PMI®. Criada nos Estados Unidos em 1969, é uma das maiores associações sem fins lucrativos do mundo voltada para a profissão de gerenciamento de projetos, com mais de 650.000 membros espalhados por mais de 185 países.

PMP®. A certificação Project Management Professional do PMI® é a credencial profissional mais reconhecida e respeitada em termos mundiais no que diz respeito ao Gerenciamento de Projetos.

Premissas. Premissas são fatores que, para fins de planejamento, são considerados verdadeiros, reais ou certos sem prova ou demonstração.

PRINCE2®. Acrônimo para Projetos em Ambientes Controlados. É um método baseado em processos para gerenciamento de projetos eficaz. Amplamente utilizado pelo Governo do Reino Unido, PRINCE2 também é amplamente reconhecido e utilizado no setor privado, tanto no Reino Unido como internacionalmente.

Programa. Um grupo de projetos relacionados gerenciados de modo coordenado para a obtenção de benefícios e controle que não estariam disponíveis se eles fossem gerenciados individualmente. Programas podem incluir elementos de trabalho relacionado fora do escopo dos projetos distintos no programa.

Qualidade. O grau com que um conjunto de características inerentes atende aos requisitos.

Recurso. Recursos humanos especializados (disciplinas específicas, individualmente ou em grupos ou equipes), equipamentos, serviços, suprimentos, commodities, materiais, orçamentos ou fundos.

Restrição. O estado, a qualidade ou o sentido de estar restrito a uma determinada ação ou inatividade. Uma restrição ou limitação aplicável a um projeto, interna ou externa, que afetará o desempenho do projeto ou de um processo. Por exemplo, uma restrição do cronograma é qualquer limitação ou condição colocada no cronograma do projeto que afeta o momento em que uma atividade do cronograma pode ser agendada e geralmente está na forma de datas impostas fixas.

Risco. Um evento ou condição incerta que, se ocorrer, provocará um efeito positivo ou negativo nos objetivos de um projeto.

Risco residual. Um risco que continua após as respostas a riscos terem sido implementadas.

Risco secundário. Um risco que surge como resultado direto da implementação de uma resposta a um determinado risco.

Crescimento desordenado do escopo / Scope creep. Adição de recursos e funcionalidade (escopo do projeto) sem consideração dos efeitos sobre tempo, custos e recursos, ou sem a aprovação do cliente.

Termo de abertura do projeto / Project charter. Um documento publicado pelo iniciador ou patrocinador que autoriza formalmente a existência de um projeto e concede ao seu gerente a autoridade para aplicar os recursos organizacionais nas atividades do projeto.

Tolerância a riscos. O grau, a quantidade ou o volume de risco que uma organização ou um indivíduo está disposto a tolerar.

Transferência de riscos. Uma técnica de planejamento de respostas aos riscos que transfere o impacto de uma ameaça para terceiros, juntamente com a responsabilidade pela resposta.

ÍNDICE DE TAGS

A
AUTORIDADE 21

B
BENEFÍCIO 67
BUSINESS CASE 9, 32, 34

C
CAMINHO CRÍTICO 53, 54
CARREIRA 27, 28
CERTIFICAÇÃO 28
CITAÇÕES 6, 10, 22, 40, 46, 53, 58, 70, 80, 87, 98
COMPACTAÇÃO DE PRAZOS 55, 57
CONTRATOS 97, 98
CONTROLE 7, 44, 64
CRIATIVIDADE 20, 34
CUSTOS 8, 39, 42, 49, 62, 67, 68

D
DIAGRAMA DE REDE 50, 51, 52
DICAS 7, 9, 22, 27, 82, 88

E
- EAP 14, 40, 42, 44, 62, 68
- EQUIPE 21, 34, 74, 75, 76, 88
- ESCOPO 8, 14, 15, 39, 40, 44, 46, 62, 68, 73, 74, 95, 96, 98
- ESTATÍSTICAS 5

G
- GERENCIAMENTO DE PORTFÓLIO 15
- GRÁFICO DE GANTT 50

L
- LIDERANÇA 19, 20, 21, 74

P
- PACOTE DE TRABALHO 42
- PARALELISMO 57, 58
- PARTES INTERESSADAS 74
- PATROCINADOR 21, 36
- PMBOK 4
- PMI 5, 28
- PMO 10
- PRAZOS 8, 39, 55, 57
- PRINCE2 28
- PROATIVIDADE 7, 88

R
- RECURSOS 46, 55, 62
- RESPONSABILIDADES 42, 45
- RISCOS 4, 7, 14, 15, 40, 57, 58, 62, 73, 74, 95, 96, 97, 98
- ROTINA 3, 4, 10, 16

S
- SIMPLIFIQUE 32, 52, 80, 81
- SUCESSO 5, 6, 7, 8, 9, 20, 32, 39, 50, 62, 74, 76

OUTROS LIVROS DE RICARDO VARGAS

2009 - 7ª EDIÇÃO
276 PÁGINAS
FORMATO: 21 X 28 cm

GERENCIAMENTO DE PROJETOS: ESTABELECENDO DIFERENCIAIS COMPETITIVOS

Em um ambiente caracterizado pela velocidade das mudanças, torna-se indispensável um modelo de gerenciamento baseado no foco em prioridades e objetivos. Por essa razão, o gerenciamento de projetos tem crescido de maneira tão acentuada no mundo nos últimos anos.

Este livro aborda a técnica de gerenciamento de projetos de uma maneira prática e direta, partindo desde os conceitos fundamentais até atingir aspectos mais complexos.

Nesta sétima edição de um dos maiores sucessos editoriais na área de projetos foram detalhados todos os processos do PMBOK Guide 4ª edição, bem como adaptado o glossário para estar compatível com a terminologia estabelecida pelo PMI.

Saiba mais em: http://rvarg.as/projetos

2009 - 4ª EDIÇÃO
232 PÁGINAS
FORMATO: 21 X 28 cm

MANUAL PRÁTICO DO PLANO DO PROJETO

O livro é preenchido com documentos e modelos prontos para utilização no planejamento e gerenciamento de projetos. As principais técnicas de análise e modelamento são explicadas de forma que esses documentos e modelos possam ser utilizados efetivamente no gerenciamento de projetos.

Ao longo do livro, um exemplo real e prático é utilizado para explicar todas as questões relacionadas ao gerenciamento do projeto, incluindo escopo, tempo, custos, qualidade, recursos humanos, comunicações e aquisições.

Saiba mais em: **http://rvarg.as/manual**

2011 - 5ª EDIÇÃO
132 PÁGINAS
FORMATO: 21 X 28 cm

ANÁLISE DE VALOR AGREGADO EM PROJETOS

Quinta edição do mais atual e completo livro sobre análise de valor agregado (Earned Value Analysis), uma das ferramentas de avaliação e gerenciamento de projetos mais utilizada no mundo e em todos os contratos do governo norte-americano.

O livro aborda desde conceitos básicos até a viabilidade da ferramenta em projetos específicos, incluindo um capítulo sobre o uso do Microsoft Project 2010 na análise de valor agregado.

Saiba mais em: **http://rvarg.as/valor**

2010 - 1ª EDIÇÃO
400 PÁGINAS
FORMATO: 21 X 28 cm

MICROSOFT PROJECT 2010: STANDARD E PROFESSIONAL

O Microsoft Project 2010 é considerado a ferramenta mais importante e popular do mercado na área de gerenciamento de projetos. Sua versatilidade e interface transformaram o software em um líder de mercado.

Pela sexta vez, desde 1998, Ricardo Vargas publica um livro completo sobre o assunto, incluindo novas funcionalidades como o Planejador de Equipe e a Visão de Escala de Tempo.

O livro segue o mesmo estilo dos livros anteriores escritos pelo autor, tornando mais fácil para os leitores se atualizarem das versões prévias para a 2010.

Saiba mais em: **http://rvarg.as/project2010**

edelbra

Impressão e Acabamento
E-mail: edelbra@edelbra.com.br
Fone/Fax: (54) 3520-5000

Impresso em Sistema CTP